<table>
<tr><td>

Institut International de Bibliographie.

</td><td>

**PUBLI-
CATION
N° 90**

</td></tr>
</table>

BUT DE L'INSTITUT : Perfectionner, développer et unifier les méthodes en matière de bibliographie et de documentation. — Organiser la coopération scientifique internationale entre groupes de spécialités diverses en vue d'élaborer, suivant un plan d'ensemble, des travaux embrassant les diverses branches de la documentation et spécialement un Répertoire bibliographique Universel. — Etablir un centre international pour la coordination de tels travaux et la conservation en original des répertoires et des collections de documents. — Mettre l'usage de ceux-ci à la disposition de tous les travailleurs intellectuels par voie de communication, de copie ou de publication. — A cette fin multiplier en tous pays les services de documentation et les mettre en relation permanente d'échange et de travail à l'intermédiaire d'un service international.

L'ORGANISATION DU TRAVAIL SCIENTIFIQUE AU XXe SIÈCLE

ET

LE MONT DES ARTS ET DES SCIENCES

DISCOURS PRONONCÉS A L'INAUGURATION
DE LA BIBLIOTHÈQUE COLLECTIVE DES
SOCIÉTÉS SAVANTES, LE 16 DÉCEMBRE 1907

BRUXELLES
1, RUE DU MUSÉE

Institut International de Bibliographie.

PUBLI-CATION N° 90

BUT DE L'INSTITUT : Perfectionner, développer et unifier les méthodes en matière de bibliographie et de documentation. — Organiser la coopération scientifique internationale entre groupes de spécialités diverses en vue d'élaborer, suivant un plan d'ensemble, des travaux embrassant les diverses branches de la documentation et spécialement un Répertoire bibliographique Universel. — Établir un centre international pour la coordination de tels travaux et la conservation en original des répertoires et des collections de documents. — Mettre l'usage de ceux-ci à la disposition de tous les travailleurs intellectuels par voie de communication, de copie ou de publication. — A cette fin multiplier en tous pays les services de documentation et les mettre en relation permanente d'échange et de travail à l'intermédiaire d'un service international.

L'ORGANISATION DU TRAVAIL SCIENTIFIQUE AU XXe SIÈCLE

ET

LE MONT DES ARTS ET DES SCIENCES

DISCOURS PRONONCÉS A L'INAUGURATION DE LA BIBLIOTHÈQUE COLLECTIVE DES SOCIÉTÉS SAVANTES, LE 16 DÉCEMBRE 1907

Indices bibliographiques :
001(493) + 027.52(493)

BRUXELLES

1, RUE DU MUSÉE

1908

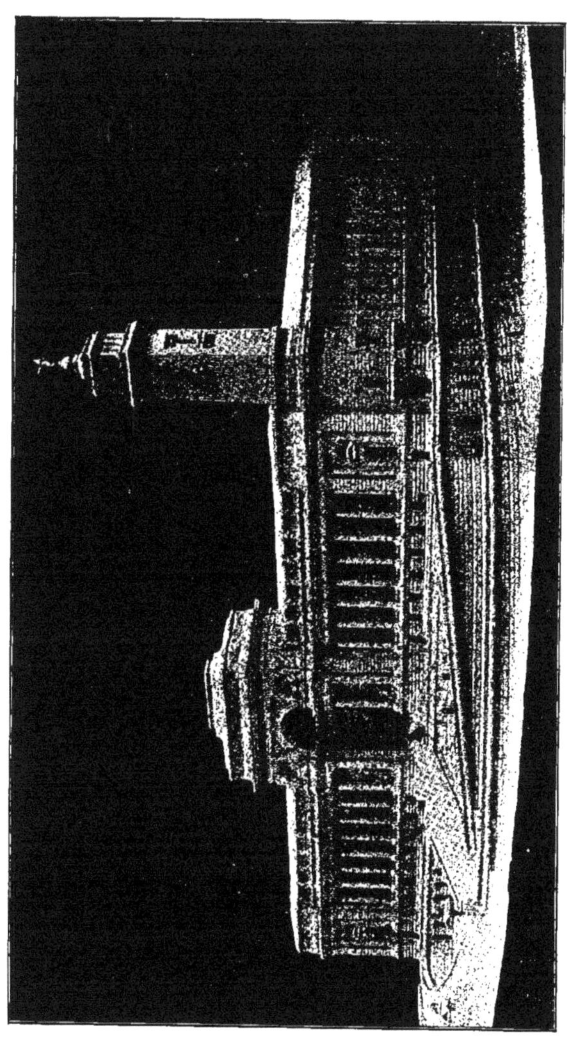

Vue d'ensemble du Projet de M. l'Architecte Maquet

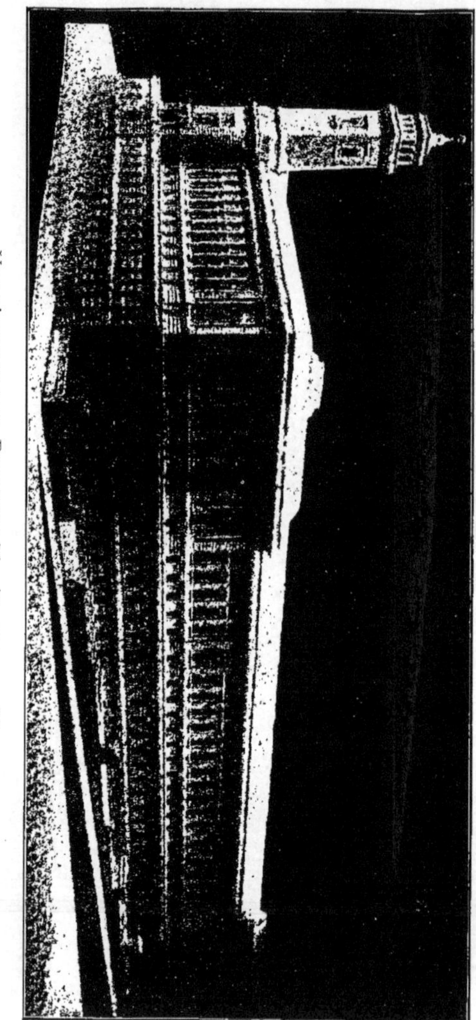

Vue d'ensemble du Projet de M. l'Architecte Maquet

Discours de M. le baron Descamps,

Ministre des Sciences et des Arts,
Président d'honneur de l'Institut International de Bibliographie (1).

Mesdames,
Messieurs,

Aux remerciements que je tiens à vous adresser pour votre accueil si cordial et pour l'hommage que vous avez la bonne grâce de me faire, je veux ajouter l'expression de la très vive joie que j'éprouve, comme Ministre des Sciences et des Arts, d'assister à l'inauguration de ce local destiné à vos bibliothèques réunies et nouvellement approprié par le Gouvernement au travail scientifique.

L'assemblée des représentants de tant de sociétés savantes me rappelle bien agréablement que j'ai moi-même consacré les meilleures années de ma vie au culte désintéressé de la science. Croyez bien, Messieurs, que les travaux de la politique qui sont venus plus tard, et les occupations gouvernementales du moment n'ont altéré en rien mon prime attachement aux grands intérêts que je m'honore d'avoir servis dans une sphère plus sereine, selon la modeste mesure de mes forces.

Si je salue avec bonheur tous les progrès scientifiques quels qu'ils soient et d'où qu'ils viennent, j'applaudis avec une particulière fierté à ceux qui procèdent du labeur de mes compatriotes. Je garde la plus haute idée des bienfaits que ce labeur est appelé à procurer à mon pays. Je crois avoir la claire conscience de la mission de plus en plus féconde qu'ont à remplir les travailleurs de la pensée au temps où nous vivons. Et j'ai la bonne volonté, dans les fonctions où m'a placé

---

(1) Discours prononcé en réponse aux discours de MM. Paul Otlet et Fernand Jacobs, reproduits ci-après.

la confiance royale, de mettre une part vive des forces gouvernementales au service de cette merveilleuse ouvrière — la Science —
qui vit avant tout de liberté, je le sais, mais dont les efforts peuvent
et doivent être secondés par tout Pouvoir public soucieux de sa véritable vocation sociale.

La Science, Messieurs, embrasse aujourd'hui de ses ramifications
les domaines les plus variés et elle y fait triompher la supériorité de
ses méthodes. Les conquêtes scientifiques sont devenues le patrimoine commun de l'humanité. Des nations, dont il semblait que l'on
n'eût pas à escompter une collaboration bien active, s'en viennent
enrichir ce patrimoine d'un remarquable contingent de découvertes.
Et nous voyons fonctionner de par le monde comme un immense
laboratoire où les esprits en quête de vérité s'attachent, par la division
du travail et en suivant des disciplines librement consenties, à rendre
moins imparfaite notre compréhension de nous-mêmes, de l'univers
et de l'Auteur de la nature. A coup sûr, les découvertes et les inven-
tions n'ont pas toutes la même valeur, et la libre recherche qui les
a fait naître les soumet sans cesse à un sévère travail de revision.
Pourtant que de conquêtes stables dans le vaste champ ouvert à
notre savoir ! Que de trésors entrés dans le patrimoine de notre race
pour n'en sortir jamais ! Que de notions ancrées désormais dans le
solide terrain de l'observation et de l'expérimentation, ou possédées
dans la sereine lumière de la raison. Entre les sciences pures et les
sciences d'application que de liens nouveaux démontrant par le fait
qu'il n'y a plus aujourd'hui de science stérile. Et comme il est récon-
fortant pour les pionniers du savoir désintéressé, dans l'isolement de
leur âpre labeur, de s'apercevoir par instants, sans quitter les sommets
où se meuvent leurs investigations, qu'ils collaborent directement à
un plus grand bien-être de l'humanité.

Mais l'homme est surtout puissant dans la réalisation des œuvres
qui sollicitent son activité lorsqu'il unit ses efforts aux efforts d'autrui.
L'union fait la force, dit excellemment notre devise nationale. Le
grand levier de la productivité humaine, est l'association. C'est ce
levier, Messieurs, que vous entendez mettre en mouvement en lui
donnant un nouveau point d'appui. Votre initiative ne peut manquer
d'être féconde.

En ce pays, où l'esprit traditionnel d'association est si développé
et où il a créé des merveilles dans le monde économique et social,
il est naturel que les sciences aient bénéficié de cette heureuse ten-
dance au groupement qui décuple la puissance des efforts. De récents
relevés ont permis d'enregistrer l'existence chez nous de plus de
quatre cents sociétés, constituées en vue de poursuivre des buts de
science, d'art ou de littérature. Presque tous les domaines ouverts à

l'activité de la pensée sont aujourd'hui explorés par des associations permanentes ; et parmi celles-ci, il en est plusieurs qui, ainsi que de vénérables aïeules, ont fêté un ou plusieurs jubilés. Le rôle qui leur revient dans notre organisation scientifique est aussi remarquable qu'il est nécessaire.

Les Universités demeurent nos grands foyers de science et de préparation aux carrières libérales. Les Académies groupent un nombre limité de savants en vue de consacrer leurs mérites, d'aviver leur confraternité et de mieux assurer leur collaboration aux travaux de haute culture scientifique. Les sociétés savantes réalisent, à leur tour, une œuvre qui s'adapte, en le complétant, au grand œuvre du Haut Enseignement et des Corps officiels. Elles établissent des liens permanents pour l'étude entre tous ceux qui par profession ou par goût s'occupent des mêmes problèmes ; elles leur fournissent le moyen de faire connaître leurs travaux et d'échanger leurs idées grâce à des réunions périodiques et à des publications.

Ces sociétés rassemblent en une même confraternité intellectuelle ceux qui savent et ceux qui veulent apprendre, les maîtres et les disciples, les fonctionnaires attachés à nos établissements scientifiques, les membres des académies, l'élite du personnel enseignant à tous les degrés, et tous ceux qui ont senti s'éveiller en eux les curiosités du savoir et les joies de la découverte scientifique.

Il importe que les sociétés savantes poursuivent leur œuvre, la perfectionnent. Il entre dans leurs attributions de former des collections en rapport avec le but de leur institution et qui complètent les collections nationales, d'entreprendre les publications que comporte leur programme, d'organiser des congrès — ces grandes bourses aux idées où l'avoir national peut s'échanger, sans risque de perte, avec les richesses du dehors et où l'expérience de l'étranger peut être mise à large contribution.

On ne peut raisonnablement demander au Gouvernement dans ces ordres divers, ni de se substituer à l'initiative privée, ni de tout subsidier. Mais la bienveillance des pouvoirs publics, qui peut d'ailleurs revêtir des formes multiples, est acquise aux entreprises capables d'apporter un appoint sérieux à notre développement scientifique national.

L'évolution progressive du mouvement de la Science dans toutes les sphères, l'accumulation des richesses intellectuelles, dont les savants doivent pouvoir tirer parti, les besoins croissants d'un public de plus en plus nombreux qui, sans vouloir faire œuvre scientifique proprement dite, a souvent le plus grand intérêt à être bien renseigné sur tel ou tel élément acquis du savoir, réclament impérieusement de nos jours une organisation rationnelle de la documentation.

M. Otlet l'a justement remarqué, le besoin de l'information documentaire croît à mesure que les relations se multiplient, que les efforts
s'internationalisent, que les conclusions des sciences sont davantage
le résultat de recherches additionnées, que les entreprises deviennent
plus lointaines, que la pensée générale s'assimilant toutes les pensées
particulières devient plus universelle, que l'action sociale des indi-
dus et des groupes se fait plus soildaire. L'utilité d'être documentés
facilement, complètement, rapidement, actuellement, est égale pour
tous les hommes l'études, pour ceux qui ont charge d'enseignement,
ceux qui se livrent aux occupations professionnelles et économiques,
ceux qui s'occupent des affaires publiques. Pour tous, il y a égale
nécessité à connaître le dernier état des questions, de s'aider de la
collaboration de ceux qui ont travaillé avant eux et de poursuivre
leurs recherches à partir du point où elles ont été laissées. C'est l'in-
dispensable condition de la division du travail et de la plus complète
utilisation des résultats acquis.

Ici apparaît l'importance de l'œuvre poursuivie par l'Office international de Bibliographie et les liens qui rattachent naturellement cet Office à nos grands dépôts publics de livres et de périodiques. Le problème pratique à résoudre dans cet ordre me paraît,
en somme, consister en ceci : il faudrait que toute personne dési-
reuse d'étudier une question déterminée pût s'adresser à un organisme bien outillé dont la documentation serait tenue à jour, et
qu'elle eût la certitude d'obtenir une réponse précise à cette double
question :

I. Quels sont, sur tel sujet d'étude, durant telle période — par
exemple pendant les dix dernières années — les travaux consignés,
soit dans des livres, soit dans des périodiques, soit dans d'autres
documents?

II. Quels sont ceux de ces travaux qui peuvent être consultés dans
tel ou tel grand dépôt public déterminé ?

Je sais bien qu'en certains cas, sur certains points, une réponse
satisfaisante peut parfois être donnée à ces deux questions. Mais je
ne crois pas me tromper en disant qu'une solution généralement
adéquate du problème posé n'existe pas encore.

C'est dans cette direction que l'Office International de Bibliographie — qui a déjà accumulé et classé tant de matériaux précieux —
doit continuer à marcher en s'efforçant successivement d'être *up to
date*, comme disent les Anglais, pour les principales branches qui
relèvent de son activité.

Je suis heureux de constater qu'une place importante lui a été
réservée en vue de remplir cette mission dans le futur Mont des Arts.
Cette création aura des proportions vraiment grandioses, ainsi qu'en

témoignent la maquette et les plans aujourd'hui terminés. Les vastes locaux qui seront mis à la disposition du Musée des Beaux-Arts, de la Bibliothèque royale, des Archives du Royaume, des Académies et autres institutions officielles permettront d'assurer le développement normal des collections et des services afférents à ces institutions. Mon département a mis à l'étude les questions diverses qui concernent l'aménagement interne de ce monument ; sa tâche lui est facilitée par les conclusions de la commission instituée l'an dernier par M. le Ministre de l'intérieur et de l'instruction publique.

Je rechercherai volontiers, à cette occasion, les moyens de grouper les souvenirs destinés à honorer nos gloires scientifiques nationales, de rendre tangible la part prise par la Belgique dans le mouvement contemporain de la science, de donner satisfaction aux vœux des sociétés savantes belges comme aux désirs des associations internationales qui ont leur siège en Belgique. Celles-ci sont au nombre de plus de quarante, soit plus du tiers de l'ensemble des associations internationales dont l'époque actuelle a vu la création.

Un remarquable mouvement d'expansion pousse les Belges à entrer en émulation pacifique avec les autres peuples dans tous les domaines de l'activité économique et de la pensée. A un tel mouvement doit répondre, ce semble, un accueil particulièrement sympathique, ménagé aux œuvres internationales qui élisent domicile dans le pays. Nous n'avons pas été oublieux de ce devoir dans le passé. Nous devons nous efforcer de le mieux remplir encore dans l'avenir. Et il est permis de souhaiter que nos institutions nationales assurent une place telle aux grandes institutions internationales, que nulle part ces dernières ne puissent mieux se développer que sur notre sol.

Un dernier mot. L'Institut International de Bibliographie a bien voulu me décerner le titre de président d'honneur. Trop de liens m'attachent à l'œuvre, que représente excellemment cet Institut pour que je n'accepte pas ce titre avec gratitude.

Vos suffrages ont porté à la tête de l'Institut M. Ernest Solvay, l'homme dévoué aux intérêts de la science, en qui l'œuvre nouvelle a trouvé un ami de la première heure et un sage conseil. Nul choix n'était mieux mérité et ne pouvait m'être plus agréable.

D'autre part, le Roi, sur ma proposition, a désigné comme Président de l'Office International de Bibliographie mon éminent collègue du Sénat, M. Alexandre Braun. Créateur d'œuvres lui-même et partisan des méthodes modernes de documentation, il travaillera énergiquement, j'en ai la confiance, au développement de l'œuvre confiée à son dévouement éclairé.

Ainsi se réalisera dans l'avenir le dessein des fondateurs de cette œuvre : organiser en Belgique un centre de documentation d'une envergure mondiale, fournissant aux vaillants du labeur intellectuel un instrument de travail et des collections de premier ordre et contribuant ainsi à servir la grande cause du progrès des sciences et du rapprochement fraternel des peuples.

Discours de M. Paul Otlet,

Secrétaire général de l'Institut International de Bibliographie.

Monsieur le Ministre,
Mesdames,
Messieurs,

Vous nous faites le grand honneur d'assister à l'inauguration des nouvelles installations de la Bibliothèque Collective des Sociétés savantes. Notre première parole doit être pour remercier le gouvernement. C'est à lui que nous devons la jouissance de ces locaux et ces installations perfectionnées qu'y ont faites ses services des bâtiments civils et de l'électricité. Par là il a aidé puissamment à la réalisation d'une institution longtemps désirée : la Bibliothèque Collective des Sociétés savantes.

Qu'est-ce que cette Bibliothèque? C'est un organisme tout nouveau, de nature coopérative et fédérative. Son objet est de grouper les collections de livres et de périodiques appartenant aux associations scientifiques et aux rédactions des grands périodiques qui sont domiciliés à Bruxelles; de mettre ces collections à la disposition de tous les affiliés et d'en confier l'administration à l'Institut International de Bibliographie, agissant de concert avec un Comité de délégués.

Vingt-cinq groupes ont constitué la nouvelle Bibliothèque et mis en commun l'usage d'environ 40,000 unités bibliographiques.

Ce sont :

Société de Médecine mentale ; Société belge d'Astronomie ; Société belge de Neurologie ; Association internationale des Médecins-Experts des Compagnies d'Assurances ; Associations médicales des Accidents du Travail ; Cercle belge de la Librairie ; Union de la Presse périodique belge ; Société belge d'Otologie, etc.; Société centrale d'Agriculture ; Société de Médecine légale; Société chimique de

Belgique ; Institut de Sociologie Solvay ; Association internationale des Auteurs et Compositeurs ; Société belge de la Paix ; Club alpin belge ; *Journal des Brevets ;* Société royale belge de Géographie ; Cercle belge des Collectionneurs de Journaux ; Syndicat des Agents de Brevets de Belgique ; Ligue belge du Droit des femmes ; Commission internationale de l'Enseignement agricole ; *L'Indépendance Belge ;* Commission permanente de l'Association internationale du Congrès des Chemins de Fer ; Comité central du Travail industriel ; Ligue patriotique contre l'alcoolisme.

Les collections de livres de l'Institut International de Bibliographie sont jointes à la Bibliothèque Collective.

*
* *

Une administration centralisée va permetre d'effectuer, dans de bonnes conditions, les opérations complexes que nécessite l'organisation des collections de livres et faute desquelles les bibliothèques corporatives restent inutilisées ou ne s'accroissent point : c'est la possibilité de consulter des ouvrages à toute heure du jour dans des locaux chauffés, éclairés gardés, et spécialement aménagés pour les travailleurs, c'est l'inventaire et le cataloguage, l'envoi à domicile, la demande des ouvrages aux auteurs, la sollicitation continue des dons de livres et d'échanges de périodiques, de manière à constituer des ensembles bien systématiques et tenus à jour de la production contemporaine.

Les sociétés savantes possèdent en leurs Bulletins de puissants moyens d'accroitre sans frais leur bibliothèque à l'intervention du Service international des échanges, en les échangeant avec les bulletins et périodiques similaires du monde entier. D'autre part, la publication régulière d'analyses et comptes-rendus bibliographiques, voire de simples listes classées d'ouvrages spéciaux, peut faire affluer l'envoi des nouveautés par les auteurs et les éditeurs.

Certaines des sociétés affiliées ont de longue date organisé leur service de bibliothèque. Elles peuvent être fières des résultats de leurs persévérants efforts. Avec l'organisation nouvelle il est à espérer qu'elles serviront d'exemple aux autres et qu'ainsi la Bibliothèque Collective ne se bornera pas seulement aux ouvrages actuellement réunis, mais qu'elle fonctionnera à l'avenir comme un organisme approprié à un collectionnement systématique des livres et des revues.

*
* *

Envisagée au point de vue général, la Bibliothèque Collective est destinée à devenir l'utile complément et l'auxiliaire de la Bibliothèque Royale, laquelle fatalement ne peut pas pénétrer dans toutes les spécialités de la science moderne, tandis qu'il appartient aux sociétés savantes constituées de le faire. Pour former les vastes collections de livres nécessaires à notre époque, la coopération se présente comme la formule économique appropriée aux facultés des petits pays, dont les ressources sont nécessairement limitées. Anvers et Liége ont leurs associations amies de la Bibliothèque. Puisse la Bibliothèque Collective assurer le même rôle à l'égard de la Bibliothèque de Bruxelles.

Envisagée au point de vue des sociétés scientifiques, la Bibliothèque Collective est un essai de travail concerté qui ne peut manquer de porter ses fruits. Il répond, en effet, aux tendances de la science moderne d'organiser de plus en plus le travail et d'unifier les méthodes en vue de marcher plus rapidement dans la voie des découvertes et du progrès. A l'œuvre toujours chanceuse des empiriques la science substitue l'action des collectivités compétentes et studieuses.

Envisagée au point de vue de l'Institut International de Bibliographie, à qui elle fournit une source abondante de documents pour ses travaux, la Bibliothèque collective constitue une des des cinq sections de son organisation, laquelle comprend aussi, avec des degrés différents de développement, la Section bibliographique, la Section iconographique, la Section de la documentation et le Service central de renseignements relatifs aux institutions et collections belges concernant les sciences, les lettres, le livre de l'enseignement.

Les livres de la Bibliothèque Collective ont fait l'objet d'une première mise en place. Ils ont été groupés par fonds dont ils proviennent et les fonds se succèdent dans l'ordre de la Classification décimale d'après la matière à laquelle ils se rapportent et qui est celle-là même dont s'occupe chaque société affiliée. Ainsi apparaît nettement le caractère encyclopédique qui préside à notre œuvre et le but proposé aux efforts communs. La classification fait connaître à tout moment les branches non encore représentées et ce sera la tâche de demain de négocier de nouvelles affiliations ou de susciter la création de groupes nouveaux. Toutes les sciences ne sont-elles pas représentées en Belgique par des sociétés ou par des revues spéciales et, s'il n'en était pas ainsi, n'y a-t-il pas à faire que cela devienne?

Le catalogue — on a pu dire avec raison que le catalogue est à la Bibliothèque ce que le cerveau est aux organes — le catalogue des

diverses collections réunies jusqu'à ce jour est en bonne voie d'élaboration. Il est dressé d'abord un inventaire des ouvrages de chaque
société, et celui-ci constitue comme le relevé comptable de la prise
en charge des collections. Il y a donc autant d'inventaires que de
groupes affiliés. Quant au catalogue proprement dit, formé par
duplicata de l'inventaire, il est commun à toutes les bibliothèques et
comprend en une seule série les ouvrages de toutes les collections.
Les lecteurs auxquels l'usage de tous les fonds est offert indistincte-
ment, n'auront donc à consulter qu'un seul guide. Ce catalogue est
à double entrée, alphabétique par nom d'auteurs et décimal par matière. Il est établi sur fiches mobiles du format international, et à
l'état de manuscrit. Il y a lieu d'espérer que chaque société aura à
cœur de publier dans son Bulletin le catalogue de son propre fonds
et d'en faire connaître par la même voie les accroissements. Une
telle liste remplacera avantageusement les « accusés de réception »
publiés déjà, sans grande méthode, dans maints bulletins.

* * *

Dans les locaux mêmes de la Bibliothèque Collective nous avons
installé le nouveau *Service de renseignements sur la Belgique scientifique,
artistique et littéraire*. A la suite d'une enquête étendue, l'Institut a réuni
de nombreux documents sur presque tous les organismes nationaux
en ce domaine. Ils ont été classés en des dossiers communicables.
L'Institut a en outre commencé l'élaboration d'un *Catalogue collectif
des Bibliothèques de Belgique*.

En créant cette organisation nouvelle, l'Institut a été guidé par
cette idée : permettre aux membres des sociétés scientifiques de
s'adresser ici dès le début de leurs recherches bibliographiques.
Ils connaîtront par la consultation du catalogue de la Bibliothèque
Collective si les ouvrages désirés existent ici, et en ce cas pourront les consulter dans la salle de lecture; s'ils y font défaut, ils
pourront connaître par la consultation du Catalogue collectif des
Bibliothèques belges, dans quelle autre bibliothèque ils les trou-
veront. Ce catalogue comprend à cette heure environ 600,000 titres
d'ouvrages possédés par 54 des grandes bibliothèques, tant de Bruxelles que de la province.

Le catalogue des grandes bibliothèques est complété par le Catalogue général des bibliothèques populaires de Belgique que nous
avons entrepris à la demande de l'Administration des sciences et des
lettres et dont nous la prions de prendre possession aujourd'hui
même. Ce dernier catalogue comprend, lui, à ce jour environ un
million de titres d'ouvrages déposés dans 800 bibliothèques popu-

laires. Il est destiné à servir de base aux envois de livres que leur fait le Gouvernement. Ces envois constituent un mode d'encouragelment aux bibliothèques populaires réellement efficaces. Ils pourront à l'avenir s'effectuer d'une manière de plus en plus systématique.

***

Faute de place, pour les concentrer en un même bâtiment, les autres services et collections de l'Office demeureront momentanément au local nº 1 (rue du Musée) et au local nº 2 (Chapelle Saint-Georges, Montagne de la Cour). Par le téléphone on pourra, en partie, les utiliser d'ici même.

Ces services comprennent d'abord les *Répertoires bibliographiques.* Ceux-ci constituent comme le catalogue général de toutes les grandes bibliothèques du monde ou, encore, le catalogue de la bibliothèque idéale, réellement encyclopédique, mondiale et universelle, que formerait la réunion de tout ce qui a été imprimé depuis l'invention de l'imprimerie.

Les répertoires bibliographiques de l'Institut, établis sur fiches, sont actuellement riches de 8 millions de notices. Celles-ci sont ordonnées en trois séries, de manière à répondre directement à ces trois questions principales :

Qu'est-ce qui a été publié par tel auteur (Répertoire des auteurs) ?

Qu'est-ce qui a été publié sur telle question (Répertoire des matières) ?

Qu'est-ce qui a été publié, à telle époque, dans tel périodique (Répertoire chronologique des articles de Revues ou Table générale des Revues) ?

C'est une vaste collaboration internationale qui alimente ces répertoires : déjà, de par le monde, un million de notices ont eté imprimées selon les méthodes unifiées de l'Institut.

Poursuivant donc leurs recherches, les membres des sociétés affiliées qui n'auront pas trouvé ce qu'ils désiraient dans la Bibliothèque Collective, ou qui auraient constaté que les ouvrages ne sont pas renseignés dans le catalogue des autres bibliothèques de Belgique, pourront être avertis de l'existence d'autres ouvrages en consultant les répertoires bibliographiques. Il leur sera toujours possible de se procurer les livres renseignés, soit en librairie, soit en demandant à nos bibliothèques de les obtenir en prêt de l'étranger. Grâce aux répertoires bibliographiques, qui comprennent non seulement l'inventaire des livres, mais encore celui des articles de revue, les travailleurs pourront aussi connaître le contenu des précieuses collections de périodiques possédé par nos bibliothèques. Ceci leur sera particu-

lièrement utile, car il est au-dessus des forces catalographiques
actuelles de n'importe quelle bibliothèque agissant isolément d'inclure
les dépouillements de revues dans leurs catalogues ordinaires.

*
* *

Nous avons dû nous attarder quelque peu à ces explications préli-
minaires à la visite. Elles nous ont paru indispensables pour com-
prendre que la Bibliothèque Collective, tout en ayant son existence
autonome et en permettant à chaque société savante de conserver la
propriété et la libre gestion de ses livres, ne constitue cependant pas
une institution à part et sans lien avec les autres sections de l'Institut.
Elle est, au contraire, étroitement rattachée à l'ensemble de son organisation et, d'autant plus naturellement, que celle-ci, en toutes ses
parties, est elle-même l'œuvre d'une vaste coopération, à la fois belge
et internationale. *Bibliothèque collective* est ainsi synonyme de groupement des sociétés savantes, travaillant de concert avec l'Institut au
progrès de l'organisation documentaire et à la mise en commun de
l'usage des collections.

C'est ce qui a permis l'affiliation de certaines institutions dont les
livres doivent demeurer dans d'autres locaux, tels l'Institut de Sociologie Solvay, la Société de Géologie. C'est aussi ce qui permet
d'énumérer parmi les membres qui font partie du corps moral de
cette institution et ont adopté les méthodes communes, tous les
groupes, services et bibliothèques qui publient des parties du Répertoire Bibliographique Universel, et dont la liste trop longue à énumérer figure en tête des annuaires de l'Institut.

*
* *

Bibliothèque, Catalogue collectif et Répertoire bibliographique,
Office de renseignements sur la Belgique intellectuelle, tous ces services s'intègrent les uns les autres et constituent un outillage dont
bénéficieront les travailleurs.

Cependant, il y a lieu de les compléter d'une autre manière encore
pour répondre aux vrais besoins de la documentation moderne et
réaliser la conception du rôle que les imprimés peuvent jouer dans
notre civilisation.

La production scientifique devient plus intense, les publications
se multiplient, et chaque jour augmente le nombre des personnes qui
peuvent ou qui doivent utiliser les informations contenues par milliers
et par milliers dans les livres, les revues et les journaux.

Conséquence obligée : il faut rendre de mieux en mieux accessible
au grand public ces masses énormes de documents.

La consultation pour chaque question d'un dossier unique conte-
nant par extrait tout ce qui a paru sur la question et tenu rigoureuse-
ment à jour, la réunion en un ensemble systématique de tous les dossiers ainsi constitués, tel apparaît ici l'idéal à poursuivre. Le caractère
utopique de cet idéal disparaît dès que l'on considère qu'on peut
procéder graduellement à la formation de semblables dossiers en
s'attachant d'abord aux documents de l'époque actuelle ; qu'il existe
de nombreux groupes intéressés à la constitution de semblables collections et que l'exemple du Répertoire Bibliographique Universel,
commencé depuis 1895 seulement, est là pour stimuler les énergies
créatrices.

Aussi, l'ardeur de tous les groupes aidant, avec le concours de diri-
geants des sociétés scientifiques, de rédactions de revues, de direc-
teurs de journaux, avec l'aide de généreuses donations, l'Institut International de Bibliographie a commencé le *Répertoire Universel de Documentation*, c'est le nom donné à la collection systématique des dossiers
comprenant deux parties, les textes dans l'une et les images photographiques dans l'autre. Après divers tâtonnements, la méthode a été
arrêtée et elle est en corrélation étroite avec celle qui préside à l'organisation des autres travaux et spécialement de la Bibliothèque Collective. L'élaboration d'un tel répertoire sera considérablement aidée,
d'une part, par les procédés de reproduction photomicroscopique ;
d'autre part par la réforme des publications documentaires. Celle-ci
apparaît nettement comme le corollaire du répertoire : ce sont les
publications documentaires qui devront à l'avenir alimenter de tels
dossiers, qu'ils soient constitués en notre Office central ou ailleurs,
par duplicata ou en corrélation. La caractéristique des nouvelles
publications documentaires, livres ou revues, est l'impression sur
fiches détachables portant chacune un seul élément, indexées en con-
cordance avec la classification internationale et par suite directement
et mécaniquement intercalables dans les dossiers de la question inté-
ressée.

La Société belge de Sociologie est entrée dans cette voie avec ses
enquêtes et le succès a répondu à son initiative.

On peut, par la pensée, entrevoir le jour où les publications scientifiques, grâce à l'unité de classement et à la divisibilité extrême de
tous leurs éléments, se solidariseront de plus en plus les unes avec
les autres. Alors chacune, dans sa forme, comme elle le sera dans sa
substance même, ne formera plus qu'une partie, un chapitre, voire
un simple paragraphe du Livre Universel. Celui-ci, formé au jour
le jour, récapitulerait le savoir acquis et décrirait à tout moment
l'état de la pensée mondiale dans tous les domaines. Ainsi, en un
Office central étendant partout ses ramifications serait réalisé une

vaste *Encyclopédie documentaire* coordonnant le travail éparpillé des intelligences et établi à la taille de notre xxᵉ siècle magnifique!

* * *

Telle est dans ses grands traits l'œuvre bibliographique que poursuit notre Institut et dont fait étroitement partie la Bibliothèque Collective.

Puisque des problèmes nouveaux sont posés de nos jours aux bibliographes, force leur est bien de demander à l'invention et aux procédés techniques une solution que ne peuvent plus fournir les formes traditionnelles du livre. D'ailleurs en vertu de quel a priorisme se refuser d'essayer tout au moins? Alors que tout change, se transforme et s'adapte autour de nous, pourquoi le livre seul échapperait-il à la loi générale, et cela au moment même où son influence et sa fonction sociale sont plus grandes qu'ils ne l'ont jamais été : Il se publie annuellement dans le monde 150,000 livres nouveaux et 20,000 périodiques formant à leur tour de 4 à 500,000 articles. Le passé, lui, se chiffre au minimum par quelques dix millions de livres et quinze millions d'articles. *Mare Magnum*, disait déjà Marucelli, le savant bibliographe du xviiᵉ siècle. *Cosmos immense*, dirons-nous à notre tour.

Les livres sont utilisés aujourd'hui dans toutes les classes de la société, car notre temps a reconnu combien « savoir, c'est pouvoir ». Les livres sont nos maîtres muets. Par eux nous sortons de l'isolement intellectuel comme nous sortons de l'isolement économique par les routes et les chemins de fer. Ils ont enregistré au jour le jour, tout ce qui a été découvert, pensé, imaginé, projeté et ils continuent à le faire. Ils sont ainsi les organes par excellence de la conservation, de la concentration et de la diffusion de la pensée. En leur total, ils constituent comme le corps matériel de nos sciences et de nos connaissances, comme la mémoire mondiale de l'humanité.

Par les livres les générations sont rattachées les une aux autres, et ainsi se réalise vraiment la pensée de Pascal qui voyait tous les hommes ne faire qu'un seul homme qui vivrait toujours et qui apprendrait sans cesse.

Aussi s'explique-t-on l'effort qui a été tenté de toute part pour capter et distribuer l'énergie intellectuelle que renferment les livres, pour organiser la Documentation sur la base des grands services publics au profit de la science, du progrès social, de l'avenir du commerce et de l'industrie. Les immences bibliothèques de Paris, Londres, Berlin et Washington sont de superbes témoignages du culte que les modernes savent vouer aux livres. Ces bibliothèques possèdent chacune de 1 million et demi à 2 millions d'ouvrages. La bibliothèque de Washington, la dernière créée du groupe, un chef-d'œuvre d'ingéniosité technique, dispose d'un budget de trois millions et demi de francs. Elle se différencie des autres en ce qu'elle est nettement conçue comme centre bibliographique national d'où les livres peuvent être distribués vers toutes les directions et où les catalogues s'élaborent en une fois pour toutes les bibliothèques du pays. Ce centre national est en relations avec toutes les villes de l'Union. Grâce aux dons généreux de Carnegie — il distribue en ce moment son 800e million — nous assistons à une véritable prolifération des bibliothèques américaines et à leur transformation. Dans la terre classique du trust, la coordination des bibliothèques est déjà fort avancée. Elle s'opère en fusionnant les magasins de livres, en unifiant les services et en multipliant les postes de lecture : On compte 143 postes dans la seule ville de Puttsburg ! D'ailleurs ces idées se généralisent. Voici que plus près de nous, en Norvège, nous voyons fonctionner l'admirable réseau des bibliothèques populaires organisé sur la base d'un service central, qui utilise la poste sur une très grande échelle et qui assimile partout la bibliothèque à l'école. En Allemagne, la Bibliothèque de Berlin est à la veille d'être installée dans ses nouveaux bâtiments, construits pour contenir 5 millions de volumes. Et le savant Hernach, le nouveau chef de cet établissement, s'écrie, en termes de programme : « Notre vocation nationale à nous, Allemands, c'est de nous assimiler le travail du monde entier, et de rendre au monde, en le doublant, ce que nous en avons reçu. Pour la réalisation d'une telle mission il faut que l'on puisse trouver sans peine, chez nous, tout ce qui a été pensé et écrit dans les autres pays! »

Ces exemples de l'étranger sont évocatifs et doivent nous encourager à tenir en honneur les choses du Livre et à oser du neuf. La Belgique d'ailleurs n'est pas restée en retard. Faut-il rappeler que la production nationale des imprimés a augmenté de 30 p. c. en 25 ans ; que nos grandes bibliothèques de Bruxelles, renfermant ensemble plus d'un million de volumes ; que nos bibliothèques populaires tant officielles que celles dues à l'initiative privée, sont au nombre de plus de 2,000. Faut-il citer le Musée Plantin, le Musée du Livre, les grandes compilations systématiques telles que les *Acta Sanctorum*, les 90 volumes des *Pandectes belges*, les 115 volumes de la Commission royale d'histoire, et, pour les travaux de bibliographie pure, la *Bibliotheca Belgica*, de Van der Haeghen, la *Bibliographie* et la *Bibliographie Nationale*, la *Bibliographie de Belgique* ? Ce sont là, certes, de beaux joyaux pour notre couronne bibliographique.

Mais jusqu'ici, chez nous, on coopérait peu, on s'ignorait trop les uns les autres. Volci qu'une ère nouvelle est apparue. N'est-il pas d'hier l'avènement du Ministère des Sciences et des Arts? Ne se présente-t-il pas comme pouvant assumer cette tâche capitale, dans le domaine du Livre comme dans les autres qu'il a dans ses attributions : coordonner les efforts trop isolés, aider les œuvres qui dépassent les forces des groupements particuliers, assurer un développement harmonique à notre outillage intellectuel.

Agiter de telles idées devant le Chef du nouveau département ministériel, c'est l'entretenir de questions qui font l'objet de toutes ses préoccupations ; lui parler ici du Livre c'est parler au président fondateur de cet Institut Internatienal de Bibliographie qui s'est attaché chez nous à mettre en lumière quelques-uns des aspects fondamentaux de la documentation et à affirmer dans ce domaine la nécessité de la coopération, même internationale.

Monsieur le Ministre, cher Président, voyez les étapes parcourues depuis l'année 1895, où nous convoquons à l'hôtel Ravenstein la première conférence bibliographique internationale. Vous souvient-il de ces commencements modestes? Nous avions 40,000 fiches, mais nous étions sans bibliothèque, sans relations à l'étranger, sans protection du gouvernement, sans local, sans collaborateurs et sans budget.

Aujourd'hui nous avons tout cela. Laissez-nous avec vous nous en réjouir et à l'heure où vous quittez la commission administrative de notre Office, à raison des hautes fonctions que vous avez assumées, laissez-nous vous exprimer, très simplement, mais très profondément, la grande reconnaissance que vous doit notre Institution et dire aussi les sentiments de cordiale affection qu'a fait naître chez ceux qui étaient à vos côtés, votre longue et assidue collaboration.

Comme un témoignage de ce que ces sentiments demeureront vivants au milieu de nous, qu'il nous soit permis de vous offrir l'hommage de cette dernière publication de l'Office : l'*Annuaire de la Belgique artistique, scientifique et littéraire*, sorti des presses ce matin même, est un recueil de notices documentaires relatives à toutes les institutions ou collections belges qui concernent les sciences, les lettres et les arts. Voyez-y un essai de documentation appliqué à votre vaste ministère !

L'Office perd son Président. Ne doit-il pas se consoler en pensant qu'il a gagné un ministre qui saura ajouter la puissance du pouvoir à ce que sa personne de travailleur intellectuel lui a donné jusqu'ici?

La tâche à accomplir reste immense, puisqu'il faut faire une réalité de ces affirmations : que la documentation doit avoir son rôle et sa fonction éminente à côté de la recherche scientifique d'une part, de l'enseignement d'autre part ; qu'elle doit être organisée mondialement en toutes ses branches; qu'elle doit pouvoir fournir aux esprits, à quelque degré soient-ils de leur formation, les matériaux d'études qui totalisent l'expérience humaine de partout et de toujours ; qu'elle doit compléter ainsi dans les cas particuliers de recherches théoriques et pratiques, l'œuvre générale de l'enseignement, laquelle a pour tâche la formation graduelle des intelligences et l'œuvre de la science qui conquiert chaque jour de nouveaux domaines et laisse à d'autres le soin d'engranger et d'utiliser les riches moissons qu'elle a fait fructifier.

Il nous faut matérialiser de plus en plus cet ensemble d'idées et développer simultanément ces quatre instruments de toute documentation : la *Bibliographie*, la *Bibliothèque*, l'*Iconographie* et les *Dossiers documentaires*.

Voici d'ailleurs que les circonstances, bien changées depuis douze ans, apparaissent extraordinairement favorables en une Belgique qui s'éveille partout aux choses de l'esprit et qui a décidé de les glorifier en construisant le *Mont des Arts*.

Tous les espoirs sont désormais permis, puisque la Bibliothèque Collective est la première installée à front de ce kilomètre de façade qui en formera le tout. Nous sommes dans les premiers soubassements. Ne pourrions-nous pas nous élever en même temps que les murs? Les plans du nouveau Palais et les conclusions de la Commission ministérielle chargée d'étudier son organisation intérieure expriment les réels besoins de l'heure présente. Si ces conclusions passent dans les faits, nul doute que nous ne possédions en réalité, et c'est ce qu'il faut, un véritable *Mont des Sciences et des Arts*, digne d'un pays renommé par son activité et dont toutes les énergies sont tendues vers l'expansion.

Là, près des collections de toute nature seront groupés les sièges des grandes institutions nationales dans l'ordre intellectuel. C'est dans ce milieu et avec toutes les facilités désirables, que l'Office pourra poursuivre son développement ultérieur et réaliser l'œuvre qui fait l'objet même de son activité : l'organisation d'un centre mondial de documentation.

A tout ce que nous possédons déjà — collections, méthodes, collaborations, coopération de sociétés scientifiques — voici que viennent s'ajouter de nouveaux concours : la coopération des *Associations internationales* qui ont leur siège en Belgique et qui elles aussi seront domiciliées au Mont des Arts ; le *Fonds de dotation* auquel ont souscrit plusieurs de nos généreux et éclairés patriotes, M. Ernest Solvay, l'ami d'avant la première heure, le baron Empain, M. Franz Philippson, la Société Générale de Belgique.

La forme et les moyens d'action de 1896, appropriés aux besoins d'un organisme naissant, ne paraît plus convenir à l'organisme adulte qu'est devenu l'Office de Bibliographie.

Pour accélérer la marche des travaux, encadrer ses sections nouvelles, fixer les coopérations obtenues, recevoir les donations promises, consacrer le caractère international en harmonie avec les autres institutions mondiales dues à l'expansion de la Belgique actuelle, il faut à l'Office une forme nouvelle et adéquate des moyens appropriés à l'objet qu'il se propose. Puisse M. le Ministre des Sciences et des Arts écouter favorablement les suggestions que lui fera à cet égard le baron Descamps, qui demeure toujours de cœur et de pensée avec nous, puisqu'il accepte le titre que nous lui décernent nos suffrages de Président d'honneur de l'Institut International de Bibliographie.

*
* *

Tels nos pensées et nos espoirs. A l'étape où nous sommes nous les exprimons tout haut, redisant au-dedans de nous-mêmes ces mots d'Anatole France : « Pour que la vie soit grande et pleine, il faut y mettre le passé et l'avenir. Nos œuvres intellectuelles, il faut les accomplir en l'honneur des morts et dans la pensée de ceux qui naîtront. »

Discours de M. Fernand Jacobs,

Président de la Société belge d'Astronomie.

Monsieur le Ministre,
Mesdames,
Messieurs,

Au nom de la Société belge d'Astronomie, initiatrice, en 1903, du mouvement qui provoqua le ralliement de la plupart des associations scientifiques à l'idée d'une « Bibliothèque collective des Sociétés Savantes », je me permets, en prenant la parole, d'adresser au Gouvernement, en la personne de M. le Ministre des Sciences, des remerciements reconnaissants pour le haut intérêt qu'il a bien voulu prendre à l'institution nouvelle.

L'hospitalité accordée dans les locaux de l'Etat, et l'octroi de subsides, ont permis l'établissement des installations inaugurées en ce jour. Celles-ci, comme l'a fort justement indiqué M. le secrétaire de l'Office International de Bibliographie, répondent d'une manière aussi parfaite que possible à leur destination, ayant été conçues et réalisées suivant le plan méthodique et essentiellement pratique des bibliothèques modernes. Il s'ensuit que l'œuvre, dès sa naissance, se présente avec les garanties de viabilité nécessaires pour inspirer toute confiance et lui assurer tout le développement que nous en espérons dans l'avenir.

Le projet de grouper en un même local les diverses associations scientifiques et les multiples services qui en dépendent, avait été soulevé antérieurement à la présente tentative. Des activités nombreuses, soutenues à certains moments par les encouragements de la Ville de Bruxelles, s'appliquèrent à le faire aboutir, mais, nous pouvons bien le dire, sans grande chance de succès.

Aucune solution satisfaisante ne paraissant prochaine, il nous a semblé, en 1903, qu'il y avait intérêt à sérier la question, c'est-à-dire à parer d'abord au plus pressé, en cherchant à procurer un abri convenable aux bibliothèques, vouées pour la plupart jusqu'alors à une dispersion certaine et à une perte irrémédiable. Cet état de choses, vraiment regrettable et qui peut surprendre, à première vue, s'explique, si l'on accorde quelques instants d'attention à la situation toute particulière des sociétés savantes belges.

Le pays a vu naître, dans les vingt dernières années, des associations scientifiques nombreuses, formant aujourd'hui l'admirable faisceau qu'un recensement judicieux a mis récemment en évidence; les branches les plus variées de l'étude et de l'investigation scientifique y sont représentées par des groupements importants, dont les efforts convergent, avec succès, vers un même but : « Le Progrès et la Vulgarisation de la Science ».

Déjà nous pourrions nous demander comment ces institutions, si belles dans leurs fruits, ont pu croître et se développer dans notre pays, d'importance secondaire au point de vue de l'étendue et de la population. C'est que, telle une ruche toujours en travail, la collectivité belge veut sa place grande et belle dans le domaine mondial de l'activité scientifique comme elle a su la conquérir dans le domaine économique.

Nos quatre villes universitaires et les instituts scientifiques libres et officiels constituent des centres de productivité intense qui ne marchandent guère leur concours à la science.

Mais si les bonnes volontés efficientes et productives répondent nombreuses à l'appel des sociétés savantes, celles-ci vivent, pour la plupart, d'une vie matérielle rien moins que prospère. Appelées à recruter leurs adhérents, et par suite, leur capital social dans un milieu infiniment petit, si on le compare à celui dans lequel se développent les associations similaires de l'étranger, elles se voient forcément limitées dans leurs ressources et réduites à la publication de *mémoires* ou d'*annales* qui constituent leur patrimoine le plus cher, laissant au hasard et à l'imprévu des circonstances le soin de pourvoir aux autres nécessités de leur vie sociale. C'est ce qui explique, comme nous le disions tantôt, chez la plupart d'entr'elles l'inexistence de bibliothèques et la dispersion de richesses bibliographiques ou de collections documentaires insoupçonnées.

Les pouvoirs publics sont donc seuls en mesure de remédier à cet état de choses.

Le Gouvernement a bien voulu apprécier les nécessités de cette situation en un geste digne de louanges.

Indépendamment des résultats immédiatement à attendre de cette haute marque d'intérêt pour les groupements et les initiatives de la science libre, nous voudrions y voir un acheminement vers la réalisation d'une grande conception antérieurement déjà présentée : « le Palais des Sciences ».

Notre pays, dans son besoin toujours inassouvi de droit et d'équité, a dressé au culte de la justice un temple fameux ; un palais de proportions grandioses va s'élever non loin d'ici, à la plus grande gloire de l'art.

La science belge ne peut-elle espérer voir aussi un jour ses efforts et ses mérites consacrés par une fondation grandiose qui répondrait à ses ambitions les plus chères ?

Tout comme aux manifestations de l'art, il manque à celles de la science, des salles pour ses congrès et ses réunions, des locaux pour ses commissions, des abris pour ses collections, tant documentaires que pédagogiques. L'extension scientifique s'en trouve forcément amoindrie et limitée ; aussi n'est-ce pas trop présumer que de croire à un brillant et nouvel épanouissement du mouvement des sciences dans le pays, si les desiderata des associations scientifiques, ces organismes si vitaux, trouvaient leur réalisation.

Il est certain que l'utilité et le rôle des sociétés savantes s'affirment chaque jour davantage. C'est pourquoi il y a un intérêt majeur à leur faciliter une tâche souvent ingrate, afin de rendre leur action plus puissante et plus prospère pour le plus grand bien des institutions officielles et du progrès scientifique général. On ne peut, en effet, que souhaiter un niveau élevé aux groupements scientifiques ; car, s'il cessait un jour d'en être ainsi, c'est que l'enseignement supérieur où se recrutent leurs meilleurs adhérents, ne serait vraisemblablement plus à la hauteur de sa mission. D'autrepart, les académies, qui constituent la plus haute expression de la science, ne peuvent espérer voir les travailleurs privés s'intéresser et s'associer plus encore à leurs études et à leurs recherches que si ces derniers sont encouragés et incités à en agir ainsi sous l'impulsion des sociétés savantes.

Il en résulte donc que, collaborer à la prospérité de celle-ci, c'est concourir au développement général de la science.

C'est pourquoi, en terminant, nous réitérons à M. le Ministre des Sciences nos remerciements pour la haute marque d'intérêt dont il a bien voulu donner aujourd'hui un précieux témoignage aux associations scientifiques.

Ceux qui ont le culte de la science, et ils sont légion déjà dans le pays, lui en seront reconnaissants.

Ceux qui, d'autre part, orientent leurs tendances vers d'autres voies, apprécieront également cette intervention officielle en reconnaissant qu'elle a le grand mérite de se produire dans un domaine où les divergences d'idées qui divisent souvent l'humanité, disparaissent pour faire place à l'unique sentiment et au seul désir de grouper les volontés dans un même effort vers le progrès et la vérité.

LISTE DES BIBLIOTHÈQUES AFFILIÉES

Institut International de Bibliographie.
Société de Médecine mentale.
Société belge d'Astronomie.
Société belge de Neurologie.
Association internationale des Médecins-Experts des Compagnies d'Assurances.
Associations médicales des Accidents du Travail.
Cercle belge de la Librairie.
Union de la Presse périodique belge.
Société belge d'Otologie, etc.
Société centrale d'Agriculture.
Société de Médecine légale.
Société chimique de Belgique.
Institut de Sociologie Solvay.
Association internationale des Auteurs et Compositeurs.
Société belge de la Paix.
Club alpin belge.
Journal des Brevets.
Société royale belge de Géographie.
Cercle belge des Collectionneurs de Journaux.
Syndicat des Agents de Brevets de Belgique.
Ligue belge du Droit des Femmes.
Commission internationale de l'Enseignement agricole.
L'Indépendance Belge.
Commission permanente de l'Association internationale du Congrès des Chemins de Fer
Comité central du Travail industriel.
Ligue patriotique contre l'alcoolisme.
Cercle polyglotte.
Musée de la presse.
Office central des institutions internationales.
Commission polaire internationale.
Institut international d'Art public.
Institut de Droit comparé.
Association générale des ingénieurs, architectes et hygiénistes municipaux.
Office international de Documentation de la Chasse.
Office international de Documentation de la Pêche.

INSTITUTIONS INTERNATIONALES AFFILIÉES. — MAGASIN DES STOCKS.

LOCAL N° 2 :
27a, Montagne de la Cour

VUE DE LA SALLE DU RÉPERTOIRE

LOCAL N° 1 (1, rue du Musée)
BIBLIOGRAPHIE, ICONOGRAPHIE
DOCUMENTATION

Bibliographique Universel.

BIBLIOTHÈQUE COLLECTIVE DES SOCIÉTÉS SAVANTES : LA SALLE DE LECTURE.

LOCAL N° 8
Rue de la Régence, 3bis.

L'INSTITUT INTERNATIONAL DE BIBLIOGRAPHIE

But de l'Institut.

Perfectionner, développer et unifier les méthodes en matière de bibliographie et de documentation ; organiser la coopération scientifique internationale entre groupes de spécialités diverses en vue d'élaborer, suivant un plan d'ensemble, des travaux embrassant les diverses branches de la documentation et spécialement un Répertoire Bibliographique Universel ; établir un centre international pour la coordination de tels travaux et la conservation en original des répertoires et des collections de documents ; mettre l'usage de ceux-ci à la disposition de tous les travailleurs intellectuels par voie de communication, de copie ou de publication ; à cette fin multiplier en tous pays les services de documentation et les mettre en relation permanente d'échange et de travail à l'intermédiaire d'un Office international.

Organisation.

L'Institut International de Bibliographie est une organisation libre exclusivement scientifique. Les affiliés particuliers ou collectifs (bibliothèques, universités, sociétés, instituts, administrations) acquittent leur cotisation soit par une somme annuelle de 10 francs, soit par des travaux ou des publications.

Par arrêté royal du 12 septembre 1895, les services de l'Institut ont été érigés en office public et installés dans les Musées royaux.

Répertoires. Collections. Services.

Bibliographie : Répertoire Bibliographique Universel. — Réunion des notices bibliographiques relatives aux écrits de toutes natures, livres et articles de revues, publiés dans les divers pays, sur toutes les matières. Les notices sont établies sur fiches du format international $125^m \times 75^m$ et classées par duplicata en deux séries, l'une par ordre alphabétique de nom d'*auteur*, de manière à répondre à la question : « Quel ouvrage a publié tel auteur ? », et l'autre par *matières* (Classification bibliographique décimale), de manière à répondre à la question : « Qu'est-ce qui a été publié sur tel sujet ? » Le Répertoire Bibliographique Universel comprend plus de 7 millions de fiches. La consultation en est gratuite dans les locaux de l'Institut. Envoi de copies sur demande au prix de 5 centimes la fiche. Abonnement à tout ce qui paraît sur une question donnée.

Catalogue collectif des Bibliothèques de Belgique.

Iconographie : Répertoire Iconographique Universel. — Réunion
en une seule collection, classée systématiquement par ordre des matières
et cataloguée, des illustrations photographiques de toute nature et sur
tous sujets provenant de sources variées (environ 100,000 documents) ;
Centre international de la documentation photographique, en suite de
la résolution du Congrès de Marseille, octobre 1906.

**Documentation : Répertoires divers de documentation en voie
d'élaboration.** — Collection systématique de dossiers sur les questions
d'actualité.

Bibliothèque : Bibliothèque bibliographique internationale et Bibliothèque collective centrale organisée avec le concours des institutions et
associations scientifiques et internationales.

**Institution et collection de la Belgique scientifique, artistique
et littéraire.** — Dossiers de renseignements émanant des institutions
elles-mêmes. Enquête permanente. Publication de l'*Annuaire de la Belgique scientifique, artistique et littéraire.*

Publications : *Bibliographia Universalis,* collection de contributions
imprimées au Répertoire Bibliographique Universel publiées en coopération sous la direction de l'Institut; *Manuel du Répertoire Bibliographique
Universel*, règles catalographiques internationales, méthode pour la formation de répertoires sur fiches, table de classification universelle ou
classification bibliographique décimale; *Bulletin de l'Institut International
de Bibliographie*; publications diverses relatives aux méthodes et au mouvement bibliographique et documentaire.

Matériel de la documentation : Matériel (classeurs, rayons et fiches)
établi conformément aux méthodes de l'Institut. Musée des méthodes.

Locaux : HEURES D'OUVERTURE. — Les Répertoires de l'Institut sont
installés à Bruxelles, 1, rue du Musée (Musées Royaux, deuxième étage).
La Bibliothèque collective est installée au Palais des Beaux-Arts, rue
de la Régence, 3a. Heures d'ouverture : de 9 à 12 et de 14 à 18 heures.

INSTITUT
INTERNATIONAL
DE BIBLIOGRAPHIE

Publication
N° 71

ANNUAIRE
DE LA BELGIQUE
SCIENTIFIQUE, ARTISTIQUE
ET LITTÉRAIRE

058 (493)

BRUXELLES
Rue du Musée, 1 (Musée Royaux)

1908

Annuaire de la Belgique scientifique artistique et littéraire 1908

L'*Annuaire* pour 1908 comporte un fort volume de 404 pages, avec planches, au format de 0ᵐ17 × 0ᵐ26, coquettement relié, pleine toile, vendu au prix de 6 francs.

Cet *Annuaire* constitue un guide de renseignements sur les Institutions de toute nature qui existent actuellement en Belgique dans le domaine des Sciences, des Lettres et des Arts : Administrations publiques, Associations internationales, Sociétés savantes, Archives, Bibliothèques, Musées et Collections, Instituts scientifiques et Etablissements d'enseignement supérieur. Il contient sur chacun des organismes mentionnés une notice succincte dont les éléments, pour la plupart, ont été fournis par les institutions elles-mêmes sous forme de réponse au questionnaire d'une enquête organisée à cette fin. Des recherches faites dans les publications émanant des institutions qui n'ont pas répondu à l'enquête ont permis de combler certaines lacunes.

Le but que l'on s'est proposé en publiant cet annuaire, est d'ordre tout pratique. Mais là ne se limite cependant pas sa portée. En parcourant les pages qui suivent, on aura l'impression de se trouver en présence d'un essai d'inventaire de ce que l'on peut appeler l' « Outillage intellectuel » du pays.

INDEX DES MATIÈRES

9 782019 923693